I0177322

PREFACIO

La colección de guías de conversación para viajar "Todo irá bien" publicada por T&P Books está diseñada para personas que viajan al extranjero para turismo y negocios. Las guías contienen lo más importante - los elementos esenciales para una comunicación básica.Éste es un conjunto de frases imprescindibles para "sobrevivir" mientras está en el extranjero.

Esta guía de conversación le ayudará en la mayoría de los casos donde usted necesite pedir algo, conseguir direcciones, saber cuánto cuesta algo, etc. Puede también resolver situaciones difíciles de la comunicación donde los gestos no pueden ayudar.

Este libro contiene muchas frases que han sido agrupadas según los temas más relevantes.También encontrará un mini diccionario con palabras útiles - números, hora, calendario, colores...

Llévese la guía de conversación "Todo irá bien" en el camino y tendrá una insustituible compañera de viaje que le ayudará a salir de cualquier situación y le enseñará a no temer hablar con extranjeros.

TABLA DE CONTENIDOS

T&P Books Publishing

PRONUNCIACIÓN

T&P alfabeto fonético	Ejemplo Árabe	Ejemplo español
[a]	طَفَّى [ṭaffa]	radio
[ā]	إِختَار [iχtār]	contraataque
[e]	هامبورجر [hamburger]	verano
[i]	زِفاف [zifāf]	ilegal
[ī]	أبريل [abrīl]	destino
[u]	كلكتا [kalkutta]	mundo
[ū]	جاموس [ʒāmūs]	nocturna
[b]	بِداية [bidāya]	en barco
[d]	سعادة [saʿāda]	desierto
[ḍ]	وَضع [waḍʿ]	[ḍ] faríngea
[ʒ]	الأرجنتين [arʒantīn]	adyacente
[ð]	تذكار [tiðkār]	alud
[z]	ظهر [zahar]	[z] faríngea
[f]	خفيف [χafīf]	golf
[g]	جولف [gūlf]	jugada
[h]	إتِّجاه [ittiʒāh]	registro
[ḥ]	أحبّ [aḥabb]	[ḥ] faríngea
[y]	ذهبيّ [ðahabiy]	asiento
[k]	كرسيّ [kursiy]	charco
[l]	لمع [lamaḥ]	lira
[m]	مرصد [marṣad]	nombre
[n]	جنوب [ʒanūb]	sonar
[p]	كابتشينو [kaputʃīnu]	precio
[q]	وثق [waθiq]	catástrofe
[r]	روح [rūḥ]	era, alfombra
[s]	سخريّة [suχriyya]	salva
[ṣ]	معصم [miʿṣam]	[ṣ] faríngea
[ʃ]	عشاء [ʿaʃāʾ]	shopping
[t]	تنّوب [tannūb]	torre
[ṭ]	خريطة [χarīṭa]	[ṭ] faríngea
[θ]	ماموث [mamūθ]	pinzas
[v]	فيتنام [vitnām]	travieso
[w]	ودَّع [waddaʿ]	acuerdo
[χ]	بخيل [baχīl]	reloj
[ɣ]	تغدّى [taɣadda]	amigo, magnífico
[ẓ]	ماعز [māʿiz]	desde

5

T&P alfabeto fonético	Ejemplo Árabe	Ejemplo español
['] (ayn)	سبعة [sabʻa]	fricativa faríngea sonora
['] (hamza)	سأل [saʼal]	oclusiva glotal sorda

Colección de guías de conversación
"¡Todo irá bien!"

T&P Books Publishing

GUÍA DE CONVERSACIÓN
ÁRABE

LAS PALABRAS Y LAS FRASES MÁS ÚTILES

Esta Guía de Conversación
contiene las frases y las
preguntas más comunes
necesitadas para una
comunicación básica
con extranjeros

Andrey Taranov

T&P BOOKS

Guía de conversación + diccionario de 250 palabras

Guía de conversación Español-Árabe y mini diccionario de 250 palabras

por Andrey Taranov

La colección de guías de conversación para viajar "Todo irá bien" publicada por T&P Books está diseñada para personas que viajan al extranjero para turismo y negocios. Las guías contienen lo más importante - los elementos esenciales para una comunicación básica. Éste es un conjunto de frases imprescindibles para "sobrevivir" mientras está en el extranjero.

También encontrará un mini diccionario con 250 palabras útiles necesarias para la comunicación diaria - los nombres de los meses y de los días de la semana, medidas, miembros de la familia, y más.

Copyright © 2024 T&P Books Publishing

Todos los derechos reservados. Ninguna porción de este libro puede reproducirse o utilizarse de ninguna manera o por ningún medio; sea electrónico o mecánico, lo cual incluye la fotocopia, grabación o información almacenada y sistemas de recuperación, sin el permiso escrito de la editorial.

T&P Books Publishing
www.tpbooks.com

ISBN: 978-1-78716-960-9

Este libro está disponible en formato electrónico o de E-Book también.
Visite www.tpbooks.com o las librerías electrónicas más destacadas en la Red.

LISTA DE ABREVIATURAS

Abreviatura en Árabe

du	-	sustantivo plural (doble)
f	-	sustantivo femenino
m	-	sustantivo masculino
pl	-	plural

Abreviatura en español

adj	-	adjetivo
adv	-	adverbio
anim.	-	animado
conj	-	conjunción
etc.	-	etcétera
f	-	sustantivo femenino
f pl	-	femenino plural
fam.	-	uso familiar
fem.	-	femenino
form.	-	uso formal
inanim.	-	inanImado
innum.	-	innumerable
m	-	sustantivo masculino
m pl	-	masculino plural
m, f	-	masculino, femenino
masc.	-	masculino
mat	-	matemáticas
mil.	-	militar
num.	-	numerable
p.ej.	-	por ejemplo
pl	-	plural
pron	-	pronombre
sg	-	singular
v aux	-	verbo auxiliar
vi	-	verbo intransitivo
vi, vt	-	verbo intransitivo, verbo transitivo
vr	-	verbo reflexivo
vt	-	verbo transitivo

T&P BOOKS

GUÍA DE CONVERSACIÓN ÁRABE

Esta sección contiene frases
importantes que pueden
resultar útiles en varias
situaciones de la vida real.
La Guía le ayudará a pedir
direcciones, aclaración
sobre precio, comprar billetes,
y pedir alimentos en un
restaurante

T&P Books Publishing

CONTENIDO DE LA GUÍA DE CONVERSACIÓN

T&P Books Publishing

Lo más imprescindible

Perdone, …	ba'd ezznak, … بعد إذنك، ...
Hola.	ahlan أهلاً
Gracias.	ʃokran شكراً

Sí.	aywā أيوة
No.	la'a لأ
No lo sé.	maʿraʃʃ ما أعرفش
¿Dónde? | ¿A dónde? | ¿Cuándo?	feyn? | lefeyn? | emta? فين؟ ا لفين؟ ا إمتى؟

Necesito …	mehtāg … محتاج ...
Quiero …	ʿāyez … عايز ...
¿Tiene …?	ya tara ʿandak …? يا ترى عندك...؟
¿Hay … por aquí?	feyh hena …? فيه هنا ...؟
¿Puedo …?	momken …? ممكن ...؟
…, por favor? (petición educada)	… men faḍlak ... من فضلك

Busco …	ana badawwar ʿla … أنا بادور على ...
el servicio	hammām حمام
un cajero automático	makīnet ṣarraf ʿāaly ماكينة صراف آلي
una farmacia	ṣaydaliya صيدلية
el hospital	mostaʃʃa مستشفى

la comisaría	'essm el ʃorṭa قسم شرطة
el metro	metro el anfā' مترو الأنفاق

un taxi	taksi
	تاكسي
la estación de tren	mahattet el 'attr
	محطة القطر

Me llamo ...	essmy ...
	إسمي...
¿Cómo se llama?	essmak eyh?
	اسمك إيه؟
¿Puede ayudarme, por favor?	te'ddar tesā'dny?
	تقدر تساعدني؟
Tengo un problema.	ana 'andy moʃkela
	أنا عندي مشكلة
Me encuentro mal.	ana ta'bān
	أنا تعبان
¡Llame a una ambulancia!	otlob 'arabeyet es'āf!
	أطلب عربية إسعاف!
¿Puedo llamar, por favor?	momken a'mel mokalma telefoniya?
	ممكن أعمل مكالمة تليفونية؟

Lo siento.	ana 'āssif
	أنا آسف
De nada.	el 'afw
	العفو

Yo	ana
	أنا
tú	enta
	أنت
él	howwa
	هو
ella	hiya
	هي
ellos	homm
	هم
ellas	homm
	هم
nosotros /nosotras/	ehna
	احنا
ustedes, vosotros	entom
	انتم
usted	haddretak
	حضرتك

ENTRADA	doxūl
	دخول
SALIDA	xorūg
	خروج
FUERA DE SERVICIO	'attlān
	عطلان
CERRADO	moylaq
	مغلق

ABIERTO	maftūḥ
	مفتوح
PARA SEÑORAS	lel sayedāt
	للسيدات
PARA CABALLEROS	lel regāl
	للرجال

Preguntas

¿Dónde?	feyn? فين؟
¿A dónde?	lefeyn? لفين؟
¿De dónde?	men feyn? من فين؟
¿Por qué?	leyh? ليه؟
¿Con que razón?	le'ayī sabab? لأي سبب؟
¿Cuándo?	emta? إمتى؟

¿Cuánto tiempo?	leḥadd emta? لحد إمتى؟
¿A qué hora?	fi ayī sā'a? في أي ساعة؟
¿Cuánto?	bekām? بكام؟
¿Tiene ...?	ya tara 'andak ...? يا ترى عندك ...؟
¿Dónde está ...?	feyn ...? فين ...؟

¿Qué hora es?	el sā'a kām? الساعة كام؟
¿Puedo llamar, por favor?	momken a'mel mokalma telefoniya? ممكن أعمل مكالمة تليفونية؟
¿Quién es?	meyn henāk? مين هناك؟
¿Se puede fumar aquí?	momken addaẖen hena? ممكن أدخن هنا؟
¿Puedo ...?	momken ...? ممكن ...؟

Necesidades

Quisiera ...	aḥebb ... ... أحب
No quiero ...	meʃ ʿāyiz ... ... مش عايز
Tengo sed.	ana ʿaṭʃān أنا عطشان
Tengo sueño.	ʿāyez anām عايز أنام

Quiero ...	ʿāyez ... ... عايز
lavarme	atʃaṭṭaf أتشطف
cepillarme los dientes	aɣsel senāny أغسل سناني
descansar un momento	artāḥ ʃwaya أرتاح شوية
cambiarme de ropa	aɣayar hodūmy أغير هدومي

volver al hotel	argaʿ lel fondoq أرجع للفندق
comprar ...	ʃerā' ... ... شراء
ir a ...	arūḥ le... ...لـ أروح
visitar ...	azūr ... ... أزور
quedar con ...	aʿābel ... ... أقابل
hacer una llamada	aʿmel mokalma telefoniya أعمل مكالمة تليفونية

Estoy cansado /cansada/.	ana taʿbān أنا تعبان
Estamos cansados /cansadas/.	eḥna taʿbānīn إحنا تعبانين
Tengo frío.	ana bardān أنا بردان
Tengo calor.	ana ḥarran أنا حران
Estoy bien.	ana kowayes أنا كويس

Tengo que hacer una llamada.

mehtāg aʿmel mokalma telefoneya

محتاج أعمل مكالمة تليفونية

Necesito ir al servicio.

mehtāg arūh el hammam

محتاج أروح الحمام

Me tengo que ir.

lāzem amʃy

لازم أمشي

Me tengo que ir ahora.

lāzem amʃy dellwa'ty

لازم أمشي دلوقتي

Preguntar por direcciones

Perdone, ...	ba'd ezznak, ... بعد إذنك، ...
¿Dónde está ...?	feyn ...? فين ...؟
¿Por dónde está ...?	meneyn ...? منين ...؟
¿Puede ayudarme, por favor?	momken tesā'edny, men faḍlak? ممكن تساعدني، من فضلك؟

Busco ...	ana badawwar 'la ... أنا بادور على ...
Busco la salida.	baddawwar 'la ṭarīq el χorūg بادور على طريق الخروج
Voy a ...	ana ṛāyeḥ le... أنا رايح لـ...
¿Voy bien por aquí para ...?	ana māʃy fel ṭarīq el ṣaḥḥ le ...? أنا ماشي في الطريق الصح لـ... ؟

¿Está lejos?	howwa be'īd? هو بعيد؟
¿Puedo llegar a pie?	momken awṣal henāk māʃy? ممكن أوصل هناك ماشي؟
¿Puede mostrarme en el mapa?	momken tewarrīny 'lal χarīṭa? ممكن توريني على الخريطة؟
Por favor muestreme dónde estamos.	momken tewarrīny eḥna feyn dellwa'ty? ممكن توريني إحنا فين دلوقتي؟

Aquí	hena هنا
Allí	henāk هناك
Por aquí	men hena من هنا

Gire a la derecha.	oddχol yemīn ادخل يمين
Gire a la izquierda.	oddχol ʃemal ادخل شمال
la primera (segunda, tercera) calle	awwel (tāny, tālet) ʃāre' أول (تاني، تالت) شارع
a la derecha	'lal yemīn على اليمين

a la izquierda

'lal ʃemal

على الشمال

Siga recto.

'la ṭūl

على طول

Carteles

¡BIENVENIDO!	marḥaba
	مرحبا
ENTRADA	doxūl
	دخول
SALIDA	xorūg
	خروج

EMPUJAR	eddfaʿ
	إدفع
TIRAR	ess-ḥab
	إسحب
ABIERTO	maftūḥ
	مفتوح
CERRADO	moɣlaq
	مغلق

PARA SEÑORAS	lel sayedāt
	للسيدات
PARA CABALLEROS	lel regāl
	للرجال
CABALLEROS	el sāda
	السادة
SEÑORAS	el sayedāt
	السيدات

REBAJAS	taxfīdāt
	تخفيضات
VENTA	okazyōn
	اوكازيون
GRATIS	maggānan
	مجانا
¡NUEVO!	gedīd!
	جديد!
ATENCIÓN	ennttabeh!
	إنتبه!

COMPLETO	mafīʃ makān
	ما فيش مكان
RESERVADO	maḥgūz
	محجوز
ADMINISTRACIÓN	el edāra
	الإدارة
SÓLO PERSONAL AUTORIZADO	lel ʿāmelīn faqaṭ
	للعاملين فقط

CUIDADO CON EL PERRO	ehhtaress men el kalb!
	!إحترس من الكلب
NO FUMAR	mammnū' el tadχīn!
	!ممنوع التدخين
NO TOCAR	mammnū' el lammss!
	!ممنوع اللمس

PELIGROSO	χatīr
	خطير
PELIGRO	χatar
	خطر
ALTA TENSIÓN	gohd 'āly
	جهد عالي
PROHIBIDO BAÑARSE	mammnū' el sebāha!
	!ممنوع السباحة

FUERA DE SERVICIO	'attlān
	عطلان
INFLAMABLE	qābel lel ejte'āl
	قابل للإشتعال
PROHIBIDO	mammnū'
	ممنوع
PROHIBIDO EL PASO	mammnū' el taχatty!
	!ممنوع التخطي
RECIÉN PINTADO	talā' hadiis
	طلاء حديث

CERRADO POR RENOVACIÓN	moγlaq lel tagdedāt
	مغلق للتجديدات
EN OBRAS	aʃγāl fel tarīq
	أشغال في الطريق
DESVÍO	monhany
	منحنى

Transporte. Frases generales

el avión	tayāra
	طيارة
el tren	'attr
	قطر
el bus	otobiis
	اوتوبيس
el ferry	safīna
	سفينة
el taxi	taksi
	تاكسي
el coche	'arabiya
	عربية

el horario	gadwal
	جدول
¿Dónde puedo ver el horario?	a'dar afūf el gadwal feyn?
	أقدر أشوف الجدول فين؟
días laborables	ayām el ossbū'
	أيام الأسبوع
fines de semana	nehāyet el osbū'
	نهاية الأسبوع
días festivos	el 'agazāt
	الأجازات

SALIDA	el saffar
	السفر
LLEGADA	el wosūl
	الوصول
RETRASADO	mett'χara
	متأخرة
CANCELADO	molγā
	ملغاه

siguiente (tren, etc.)	el gayī
	الجاي
primero	el awwel
	الأول
último	el 'aχīr
	الأخير

¿Cuándo pasa el siguiente ...?	emta el ... elly gayī?
	إمتى الـ ... إللي جاي؟
¿Cuándo pasa el primer ...?	emta awwel ...?
	إمتى اول ...؟

¿Cuándo pasa el último …?	emta 'āχer …? إمتى آخر …؟
el trasbordo (cambio de trenes, etc.)	tabdīl تبديل
hacer un trasbordo	abaddel أبدل
¿Tengo que hacer un trasbordo?	hal ahtāg le tabdīl el…? هل أحتاج لتبديل الـ…؟

Comprar billetes

¿Dónde puedo comprar un billete?	meneyn momken aʃtery tazāker? منين ممكن أشتري تذاكر؟
el billete	tazzkara تذكرة
comprar un billete	ʃerā' tazāker شراء تذاكر
precio del billete	as'ār el tazāker أسعار التذاكر

¿Para dónde?	lefeyn? لفين؟
¿A qué estación?	le'ayī mahatta? لأي محطة؟
Necesito ...	mehtāg ... محتاج ...
un billete	tazzkara wahda تذكرة واحدة
dos billetes	tazzkarteyn تذكرتين
tres billetes	talat tazāker تلات تذاكر

sólo ida	zehāb faqatt ذهاب فقط
ida y vuelta	zehāb we 'awda ذهاب وعودة
en primera (primera clase)	daraga ūla درجة أولى
en segunda (segunda clase)	daraga tanya درجة ثانية

hoy	el naharda النهاردة
mañana	bokra بكرة
pasado mañana	ba'd bokra بعد بكرة
por la mañana	el sobh الصبح
por la tarde	ba'd el zohr بعد الظهر
por la noche	bel leyl بالليل

asiento de pasillo

korsy mammar

كرسي ممر

asiento de ventanilla

korsy ʃebbāk

كرسي شباك

¿Cuánto cuesta?

bekām?

بكام؟

¿Puedo pagar con tarjeta?

momken addfaʿ be kart eʼtemān?

ممكن أدفع بكارت إئتمان؟

Autobús

el autobús	el otobiis
	الأوتوبيس
el autobús interurbano	otobiis beyn el moddon
	أوتوبيس بين المدن
la parada de autobús	mahattet el otobiis
	محطة الأوتوبيس
¿Dónde está la parada de autobuses más cercana?	feyn aqrab mahattet otobiis?
	فين أقرب محطة أوتوبيس؟

número	raqam
	رقم
¿Qué autobús tengo que tomar para ...?	'āxod ayī otobiis le ...?
	أخذ أي اوتوبيس لـ...؟
¿Este autobús va a ...?	el otobiis da beyrūh ...?
	الأوتوبيس دة بيروح ...؟
¿Cada cuanto pasa el autobús?	el otobiis beyīgi kol 'add eyh?
	الأوتوبيس بيجي كل قد إيه؟

cada 15 minutos	kol xamasstāʃar daqīqa
	كل 15 دقيقة
cada media hora	kol noṣṣ sāʿa
	كل نص ساعة
cada hora	kol sāʿa
	كل ساعة
varias veces al día	kaza marra fel yome
	كذا مرة في اليوم
... veces al día	... marrat fell yome
	... مرات في اليوم

el horario	gadwal
	جدول
¿Dónde puedo ver el horario?	a'dar aʃūf el gadwal feyn?
	أقدر أشوف الجدول فين؟
¿Cuándo pasa el siguiente autobús?	emta el otobīss elly gayī?
	إمتى الأتوبيس إللي جاي؟
¿Cuándo pasa el primer autobús?	emta awwel otobiis?
	إمتى أول أوتوبيس؟
¿Cuándo pasa el último autobús?	emta 'āxer otobiis?
	إمتى آخر أوتوبيس؟

la parada	mahatta
	محطة
la siguiente parada	el mahatta el gaya
	المحطة الجاية

la última parada	aׁer maḥaṭṭa آخر محطة (أخر الخط)
Pare aquí, por favor.	laww samaḥt, wa'eff hena لو سمحت، وقف هنا
Perdone, esta es mi parada.	ba'd ezznak, di maḥaṭṭetti بعد إذنك، دي محطتي

Tren

el tren	el 'attr
	القطر
el tren de cercanías	'attr el dawāhy
	قطر الضواحي
el tren de larga distancia	'attr el masāfāt el tawīla
	قطر المسافات الطويلة
la estación de tren	mahattet el 'attr
	محطة القطر
Perdone, ¿dónde está	ba'd ezznak, meneyn el tarīq lel rasīf
la salida al anden?	بعد إذنك، منين الطريق للرصيف؟

¿Este tren va a ...?	el 'attr da beyrūh ...?
	ألقطر دة بيروح ...؟
el siguiente tren	el 'attr el gayī?
	القطر الجاي؟
¿Cuándo pasa el siguiente tren?	emta el 'attr elly gayī?
	إمتى القطر إللي جاي؟
¿Dónde puedo ver el horario?	a'dar aʃūf el gadwal feyn?
	أقدر أشوف الجدول فين؟
¿De qué andén?	men ayī rasīf?
	من أي رصيف؟
¿Cuándo llega el tren a ...?	emta yewsal el 'attr ...?
	إمتى يوصل القطر ... ؟

Ayudeme, por favor.	argūk sā'dny
	ارجوك ساعدني
Busco mi asiento.	baddawwar 'lal korsy betā'y
	بادور على الكرسي بتاعي
Buscamos nuestros asientos.	ehna benndawwar 'la karāsy
	إحنا بندور على كراسي
Mi asiento está ocupado.	el korsy betā'i maʃyūl
	الكرسي بتاعي مشغول
Nuestros asientos están ocupados.	karaseyna maʃyūla
	كراسينا مشغولة

Perdone, pero ese es mi asiento.	'ann ezznak, el korsy da betā'y
	عن إذنك، الكرسي دة بتاعي
¿Está libre?	el korsy da mahgūz?
	الكرسي دة محجوز؟
¿Puedo sentarme aquí?	momken a''od hena?
	ممكن أقعد هنا؟

En el tren. Diálogo (Sin billete)

Su billete, por favor.	tazāker men faḍlak
	تذاكر من فضلك
No tengo billete.	maʿandīʃ tazzkara
	ما عنديش تذكرة
He perdido mi billete.	tazzkarty ḍāʿet
	تذكرتي ضاعت
He olvidado mi billete en casa.	nesīt tazkarty fel beyt
	نسيت تذكرتي في البيت

Le puedo vender un billete.	momken teʃtery menny tazkara
	ممكن تشتري مني تذكرة
También deberá pagar una multa.	lāzem teddfaʿ ɣarāma kaman
	لازم تدفع غرامة كمان
Vale.	tamām
	تمام
¿A dónde va usted?	enta rāyeḥ feyn?
	إنت رايح فين؟
Voy a …	ana rāyeḥ le...
	أنا رايح لـ...

¿Cuánto es? No lo entiendo.	bekām? ana meʃ fāhem
	بكام؟ أنا مش فاهم
Escríbalo, por favor.	ektebha laww samaḥt
	إكتبها لو سمحت
Vale. ¿Puedo pagar con tarjeta?	tamām. momken addfaʿ be kredit kard?
	تمام. ممكن أدفع بكريدت كارد؟
Sí, puede.	aywā momken
	أيوة ممكن

Aquí está su recibo.	ettfaddal el īṣāl
	أتفضل الإيصال
Disculpe por la multa.	ʾāssef bexeṣūṣ el ɣarāma
	آسف بخصوص الغرامة
No pasa nada. Fue culpa mía.	mafīʃ moʃkela. di ɣalṭety
	ما فيش مشكلة. دي غلطتي
Disfrute su viaje.	esstammteʿ be reḥlatek
	استمتع برحلتك

Taxi

taxi	taksi
	تاكسي
taxista	sawwā' el taksi
	سواق التاكسي
coger un taxi	'āҳod taksi
	أخد تاكسي
parada de taxis	maw'af taksi
	موقف تاكسي
¿Dónde puedo coger un taxi?	meneyn āҳod taksi?
	منين أخد تاكسي؟
llamar a un taxi	an taṭṭlob taksi
	أن تطلب تاكسي
Necesito un taxi.	aḥtāg taksi
	أحتاج تاكسي
Ahora mismo.	al'āan
	الآن
¿Cuál es su dirección?	ma howa 'ennwānak?
	ما هو عنوانك؟
Mi dirección es ...	'ennwāny fi ...
	عنواني في ...
¿Cuál es el destino?	ettegāhak?
	إتجاهك؟

Perdone, ...	ba'd ezznak, ...
	بعد إذنك، ...
¿Está libre?	enta fāḍy?
	إنت فاضي؟
¿Cuánto cuesta ir a ...?	bekām arūḥ...?
	بُكام أروح...؟
¿Sabe usted dónde está?	te'raf hiya feyn?
	تعرف هي فين؟

Al aeropuerto, por favor.	el maṭār men faḍlak
	المطار من فضلك
Pare aquí, por favor.	wa'eff hena, laww samaḥt
	وقف هنا، لو سمحت
No es aquí.	meʃ hena
	مش هنا
La dirección no es correcta.	da 'enwān ɣalat
	دة عنوان غلط
Gire a la izquierda.	oddҳol ʃemal
	ادخل شمال
Gire a la derecha.	oddҳol yemīn
	ادخل يمين

¿Cuánto le debo?	ʻlayī līk kām? عليّ لك كام؟
¿Me da un recibo, por favor?	ʻāyez īṣāl men faḍlak. عايز إيصال، من فضلك.
Quédese con el cambio.	χally el bā'y خللي الباقي

Espéreme, por favor.	momken tesstannāny laww samaḥt? ممكن تستناني لو سمحت؟
cinco minutos	χamas daqā'eq خمس دقائق
diez minutos	ʻaʃar daqā'eq عشر دقائق
quince minutos	robʻ sāʻa ربع ساعة
veinte minutos	telt sāʻa تلت ساعة
media hora	noṣṣ sāʻa نص ساعة

Hotel

Hola.	ahlan أهلا
Me llamo ...	essmy ... ... إسمي
Tengo una reserva.	'andy ḥaggz عندي حجز

Necesito ...	meḥtāg ... ... محتاج
una habitación individual	γorfa moffrada غرفة مفردة
una habitación doble	γorfa mozzdawwaga غرفة مزدوجة
¿Cuánto cuesta?	se'raha kām? سعرها كام؟
Es un poco caro.	di γalya ʃewaya دي غالية شوية

¿Tiene alguna más?	'andak χayarāt tanya? عندك خيارات تانية؟
Me quedo.	haχod-ha ح أخدها
Pagaré en efectivo.	ḥaddfa' naqqdy ح أدفع نقدي

Tengo un problema.	ana 'andy moʃkela أنا عندي مشكلة
Mi ... no funciona.	... maksūr ...مكسور
Mi ... está fuera de servicio.	... 'aṭlān /'aṭlāna/ /عطلان /عطلانة...
televisión	el televizyōn التليفزيون
aire acondicionado	el takyīf التكييف
grifo	el ḥanafiya (~ 'aṭlāna) الحنفية

ducha	el doʃ الدش
lavabo	el banyo البانيو
caja fuerte	el χāzena (~ 'aṭlāna) الخازنة

cerradura	'effl el bāb
	قفل الباب
enchufe	maxrag el kahraba
	مخرج الكهربا
secador de pelo	mogaffef el ʃaʻr
	مجفف الشعر

No tengo …	maʻandīʃ …
	ما عنديش ...
agua	maya
	مية
luz	nūr
	نور
electricidad	kahraba
	كهربا

¿Me puede dar …?	momken teddīny …?
	ممكن تديني ...؟
una toalla	fūṭa
	فوطة
una sábana	battaneya
	بطانية
unas chanclas	ʃebʃeb
	شبشب
un albornoz	robe
	روب
un champú	ʃambū
	شامبو
jabón	ṣabūn
	صابون

Quisiera cambiar de habitación.	aḥebb ayayar el oḍa
	أحب أغير الأوضة
No puedo encontrar mi llave.	meʃ lāʼy meftāḥy
	مش لاقي مفتاحي
Por favor abra mi habitación.	momken tefftaḥ oḍdty men faḍlak?
	ممكن تفتح أوضتي من فضلك؟
¿Quién es?	meyn henāk?
	مين هناك؟
¡Entre!	ettfaḍḍal!
	إتفضل!
¡Un momento!	daqīqa wāḥeda!
	دقيقة واحدة!
Ahora no, por favor.	meʃ dellwaʼty men faḍlak
	مش دلوقتي من فضلك

Venga a mi habitación, por favor.	taʻāla oḍdty laww samaḥt
	تعالى أوضتي لو سمحت
Quisiera hacer un pedido.	ʼāyez talab men xeddmet el wagabāt
	عايز طلب من خدمة الوجبات
Mi número de habitación es …	raqam oḍdty howa …
	رقم أوضتي هو ...

Me voy ...	ana māʃy ... أنا ماشي ...
Nos vamos ...	eḥna maʃyīn ... إحنا ماشيين ...
Ahora mismo	dellwaʼty دلوقتي
esta tarde	baʻd el ẓohr بعد الظهر
esta noche	el leyla di الليلة دي
mañana	bokra بكرة
mañana por la mañana	bokra el ṣobh بكرة الصبح
mañana por la noche	bokra bel leyl بكرة بالليل
pasado mañana	baʻd bokra بعد بكرة

Quisiera pagar la cuenta.	aḥebb adfaʻ أحب أدفع
Todo ha estado estupendo.	kol ʃeyʼ kan rāʼeʻ كل شيء كان رائع
¿Dónde puedo coger un taxi?	feyn momken alāʼy taksi? فين ممكن ألاقي تاكسي؟
¿Puede llamarme un taxi, por favor?	momken toṭtlob lī taksi laww samaḥt? ممكن تطلب لي تاكسي لو سمحت؟

Restaurante

¿Puedo ver el menú, por favor?	momken aʃūf qā'ema el ṭa'ām men faḍlak? ممكن أشوف قائمة الطعام من فضلك؟
Mesa para uno.	tarabeyza le ʃaxṣ wāḥed ترابيزة لشخص واحد
Somos dos (tres, cuatro).	eḥnạ etneyn (talāta, arba'a) إحنا اتنين (ثلاثة، أربعة)
Para fumadores	modaxenīn مدخنين
Para no fumadores	ɣeyr moddaxenīn غير مدخنين
¡Por favor! (llamar al camarero)	laww samaḥt لو سمحت
la carta	qā'emat el ṭa'ām قائمة الطعام
la carta de vinos	qā'emat el nebīz قائمة النبيذ
La carta, por favor.	el qā'ema, laww samaḥt القائمة، لو سمحت
¿Está listo para pedir?	mossta'ed toṭṭlob? مستعد تطلب؟
¿Qué quieren pedir?	hatāxod eh? ح تاخد إيه؟
Yo quiero …	ana hāxod … أنا ح أخد …
Soy vegetariano.	ana nạbāty أنا نباتي
carne	lahma لحم
pescado	samakk سمك
verduras	xoḍār خضار
¿Tiene platos para vegetarianos?	'andak aṭḅāq nabātiya? عندك أطباق نباتية؟
No como cerdo.	lā 'āakol ẹl xanzīr لا أكل الخنزير
Él /Ella/ no come carne.	howwa /hiya/ la tākol el lahm هو/هي/ لا تأكل اللحم

Soy alérgico a ...

'andy ḥasasseya men ...
عندي حساسية من ...

¿Me puede traer ..., por favor?

momken tegīb lī ...
ممكن تجيب لي...

sal | pimienta | azúcar

melḥ | felfel | sokkar
ملح ا فلفل ا سكر

café | té | postre

'ahwa | ʃāy | ḥelw
قهوة ا شاي ا حلو

agua | con gas | sin gas

meyāh | ɣaziya | 'adiya
مياه ا غازية ا عادية

una cuchara | un tenedor | un cuchillo

ma'la'a | ʃowka | sekkīna
ملعقة ا شوكة ا سكينة

un plato | una servilleta

ṭabaq | fūṭa
طبق افوطة

¡Buen provecho!

bel hana wel ʃefa
بالهنا والشفا

Uno más, por favor.

waḥda kamān laww samaḥt
واحدة كمان لو سمحت

Estaba delicioso.

kanet lazīza geddan
كانت لذيذة جدا

---

la cuenta | el cambio | la propina

ʃīk | fakka | ba'ʃīʃ
شيك افكة ابقشيش

La cuenta, por favor.

momken el ḥesāb laww samaḥt?
ممكن الحساب لو سمحت؟

¿Puedo pagar con tarjeta?

momken addfa' be kart e'temān?
ممكن أدفع بكارت إئتمان؟

Perdone, aquí hay un error.

ana 'āssif, feyh ɣalṭa hena
أنا آسف، في غلطة هنا

De Compras

¿Puedo ayudarle?	momken asa'dak?
	ممكن أساعدك؟
¿Tiene ...?	ya tara 'andak ...?
	يا ترى عندك ...؟
Busco ...	ana badawwar 'la ...
	أنا بادور على ...
Necesito ...	mehtāg ...
	محتاج ...

Sólo estoy mirando.	ana battfarrag
	أنا بأتفرج
Sólo estamos mirando.	ehna benettfarrag
	إحنا بنتفرج
Volveré más tarde.	hāgy ba'deyn
	ح أجي بعدين
Volveremos más tarde.	haneygy ba'deyn
	ح نيجي بعدين
descuentos | oferta	taxfīdāt | okazyōn
	تخفيضات أو كازيون

Por favor, enséñeme ...	momken tewarrīny ... laww samaht?
	ممكن توريني ... لو سمحت؟
¿Me puede dar ..., por favor?	momken teddīny ... laww samaht
	ممكن تديني ... لو سمحت
¿Puedo probarmelo?	momken a'īs?
	ممكن أقيس؟
Perdone, ¿dónde están los probadores?	laww samaht, feyn el brova?
	لو سمحت، فين البروفا؟
¿Qué color le gustaría?	'āyez ayī lone?
	عايز أي لون؟
la talla | el largo	maqās | tūl
	مقاس ا طول
¿Cómo le queda? (¿Está bien?)	ya tara el maqās mazbūt?
	يا ترى المقاس مضبوظ؟

¿Cuánto cuesta esto?	bekām?
	بكام؟
Es muy caro.	da yāly geddan
	دة غالي جدا
Me lo llevo.	haftereyh
	ح أشتريه
Perdone, ¿dónde está la caja?	ba'd ezznak, addfa' feyn laww samaht?
	بعد إذنك، أدفع فين لو سمحت؟

¿Pagará en efectivo o con tarjeta?	hateddfaʿ naqqdan walla be kart eʾtemān?
	ح تدفع نقدا ولا بكارت إئتمان؟
en efectivo | con tarjeta	naqdan | be kart eʾtemān
	نقدا ا بكارت إئتمان

¿Quiere el recibo?	ʿāyez īṣāl?
	عايز إيصال؟
Sí, por favor.	aywā, men faḍlak
	أيوة، من فضلك
No, gracias.	lā, mafīʃ moʃkela
	لا، ما فيش مشكلة
Gracias. ¡Que tenga un buen día!	ʃokran. yome saʿīd
	شكرا. يوم سعيد

En la ciudad

Perdone, por favor.	ba'd ezznak, laww samaḥt
	بعد إذنك، لو سمحت
Busco …	ana badawwar 'la …
	أنا بادور على ...
el metro	metro el anfā'
	مترو الأنفاق
mi hotel	el fondo' betā'i
	الفندق بتاعي

el cine	el sinema
	السينما
una parada de taxis	maw'af taksi
	موقف تاكسي
un cajero automático	makīnet ṣarraf 'āaly
	ماكينة صراف آلي
una oficina de cambio	maktab ṣarrafa
	مكتب صرافة

un cibercafé	maqha internet
	مقهى انترنت
la calle …	ʃāre'…
	... شارع
este lugar	el makān da
	المكان دة

¿Sabe usted dónde está …?	hal te'raf feyn …?
	هل تعرف فين ...؟
¿Cómo se llama esta calle?	essmu eyh el ʃāre' da?
	اسمه إيه الشارع دة؟
Muestreme dónde estamos ahora.	momken tewarrīny eḥna feyn dellwa'ty?
	ممكن توريني إحنا فين دلوقتي؟
¿Puedo llegar a pie?	momken awṣal ḥenāk māʃy?
	ممكن أوصل هناك ماشي؟
¿Tiene un mapa de la ciudad?	'andak xarīṭa lel madīna?
	عندك خريطة للمدينة؟

¿Cuánto cuesta la entrada?	bekām tazkaret el doxūl?
	بكام تذكرة الدخول؟
¿Se pueden hacer fotos aquí?	momken aṣṣawwar hena?
	ممكن أصور هنا؟
¿Está abierto?	entom fatt-ḥīn?
	إنتم فاتحين؟

¿A qué hora abren?	emta betefftaḥu? إمتى بتفتحوا؟
¿A qué hora cierran?	emta bete'ffelu? إمتى بتقفلوا؟

Dinero

dinero	folūss فلوس
efectivo	naqdy نقدي
billetes	folūss waraqiya فلوس ورقية
monedas	fakka فكة
la cuenta | el cambio | la propina	ʃīk | fakka | baʾʃīʃ شيك أفكة أبقشيش

la tarjeta de crédito	kart eʾtemān كارت إئتمان
la cartera	maḥfaza محفظة
comprar	ʃerāʾ شراء
pagar	dafʿ دفع
la multa	ɣarāma غرامة
gratis	maggānan مجانا

¿Dónde puedo comprar ...?	feyn momken aʃtery ...? فين ممكن أشتري ...؟
¿Está el banco abierto ahora?	hal el bank fāteḥ dellwaʾty هل البنك فاتح دلوقتي؟
¿A qué hora abre?	emta betefftaḥ? إمتى بيفتح؟
¿A qué hora cierra?	emta beyeʾffel? إمتى بيقفل؟

¿Cuánto cuesta?	bekām? بكام؟
¿Cuánto cuesta esto?	bekām da? بكام دة؟
Es muy caro.	da ɣāly geddan دة غالي جدا

Perdone, ¿dónde está la caja?	baʿd ezznak, addfaʿ feyn laww samaḥt? بعد إذنك، أدفع فين لو سمحت؟
La cuenta, por favor.	el ḥesāb men faḍlak الحساب من فضلك

¿Puedo pagar con tarjeta?

momken addfa' þe kart e'temān?

ممكن أدفع بكارت إئتمان؟

¿Hay un cajero por aquí?

feyh hena makīnet ṣarraf 'āaly?

فيه هنا ماكينة صراف آلي؟

Busco un cajero automático.

baddawwar 'la makīnet ṣarraf 'ālly

بادور على ماكينة صراف آلي

Busco una oficina de cambio.

baddawwar 'la maktab ṣarrāfa

بادور على مكتب صرافة

Quisiera cambiar ...

'āyez aɣayar ...

عايز أغير ...

¿Cuál es el tipo de cambio?

se'r el 'omla kām?

سعر العملة كام؟

¿Necesita mi pasaporte?

enta mehtāg gawāz safary?

إنت محتاج جواز سفري؟

Tiempo

¿Qué hora es?	el sā'a kām? الساعة كام؟
¿Cuándo?	emta? إمتى؟
¿A qué hora?	fi ayī sā'a? في أي ساعة؟
ahora | luego | después de ...	dellwa'ty | ba'deyn | ba'd ... دلوقتي ا بعدين ا بعد ...

la una	el sā'a waḥda الساعة واحدة
la una y cuarto	el sā'a waḥda we rob' الساعة واحدة وربع
la una y medio	el sā'a waḥda we noṣṣ الساعة واحدة ونص
las dos menos cuarto	el sā'a etneyn ellā rob' الساعة إتنين إلا ربع

una | dos | tres	waḥda | etneyn | talāta واحدة الاتنين اتلاتة
cuatro | cinco | seis	arba'a | ẖamsa | setta أربعة اخمسة استة
siete | ocho | nueve	sabb'a | tamanya | tess'a سبعة ا تمانية اتسعة
diez | once | doce	'aʃra | ḥedāʃar | etnāʃar عشرة ا حداشر ا اتناشر

en ...	fi ... في ...
cinco minutos	ẖamas daqā'eq خمس دقائق
diez minutos	'aʃar daqā'eq عشر دقائق
quince minutos	rob' sā'a ربع ساعة
veinte minutos	telt sā'a تلت ساعة

media hora	noṣṣ sā'a نص ساعة
una hora	sā'a ساعة
por la mañana	el sobḥ الصبح

por la mañana temprano	el sobḥ badri
	الصبح بدري
esta mañana	el naharda el ṣobḥ
	النهاردة الصبح
mañana por la mañana	bokra el ṣobh
	بكرة الصبح

al mediodía	fi noṣṣ el yome
	في نص اليوم
por la tarde	ba'd el ẓohr
	بعد الظهر
por la noche	bel leyl
	بالليل
esta noche	el leyla di
	الليلة دي

por la noche	bel leyl
	بالليل
ayer	emmbāreḥ
	إمبارح
hoy	el naharda
	النهاردة
mañana	bokra
	بكرة
pasado mañana	ba'd bokra
	بعد بكرة

¿Qué día es hoy?	el naharda eyh fel ayām?
	النهاردة إيه في الأيام؟
Es ...	el naharda ...
	النهاردة ...
lunes	el etneyn
	الإتنين
martes	el talāt
	التلات
miércoles	el 'arba'
	الأربع

jueves	el χamīs
	الخميس
viernes	el gumu'ā
	الجمعة
sábado	el sabt
	السبت
domingo	el hadd
	الحد

Saludos. Presentaciones.

Hola.	ahlan أهلا
Encantado /Encantada/ de conocerle.	saʿīd be leqāʾak سعيد بلقائك
Yo también.	ana aṣṣʿad أنا أسعد
Le presento a ...	aʿarrafak be ... أعرفك بـ ...
Encantado.	forṣa saʿīda فرصة سعيدة

¿Cómo está?	ezzayak? إزيك؟
Me llamo ...	esmy ... أسمي ...
Se llama ...	essmu ... إسمه ...
Se llama ...	essmaha ... إسمها ...
¿Cómo se llama (usted)?	essmak eyh? إسمك إيه؟
¿Cómo se llama (él)?	essmu eyh? إسمه إيه؟
¿Cómo se llama (ella)?	essmaha eyh? إسمها إيه؟

¿Cuál es su apellido?	essm ʿāʾeltak eyh? إسم عائلتك إيه؟
Puede llamarme ...	teʾddar tenadīny be... تقدر تناديني بـ....
¿De dónde es usted?	enta meneyn? إنت منين؟
Yo soy de	ana men ... أنا من ...
¿A qué se dedica?	beteʃtaɣal eh? بتشتغل إيه؟
¿Quién es?	meyn da مين دة
¿Quién es él?	meyn howwa? مين هو؟
¿Quién es ella?	meyn hiya? مين هي؟
¿Quiénes son?	meyn homm? مين هم؟

Este es ...	da yeb'ā ...
	دة يبقى ...
mi amigo	ṣadīqy
	صديقي
mi amiga	ṣadīqaty
	صديقتي
mi marido	gouzy
	جوزي
mi mujer	merāty
	مراتي

mi padre	waldy
	والدي
mi madre	waldety
	والدتي
mi hermano	aχūya
	أخويا
mi hijo	ebny
	إبني
mi hija	bennty
	بنتي

Este es nuestro hijo.	da ebnena
	دة إبننا
Esta es nuestra hija.	di benntena
	دي بنتننا
Estos son mis hijos.	dole awwlādy
	دول أولادي
Estos son nuestros hijos.	dole awwladna
	دول أولادنا

Despedidas

¡Adiós!	ella alliqā'
	إلى اللقاء
¡Chau!	salām
	سلام
Hasta mañana.	aʃūfak bokra
	أشوفك بكرة
Hasta pronto.	aʃūfak orayeb
	أشوفك قريب
Te veo a las siete.	aʃūfak el sā'a sab'a
	أشوفك الساعة سبعة

¡Que se diviertan!	esstammte'!
	إستمتع!
Hablamos más tarde.	netkallem ba'deyn
	نتكلم بعدين
Que tengas un buen fin de semana.	'ottlet osbū' sa'īda
	عطلة أسبوع سعيدة
Buenas noches.	tessbah 'la xeyr
	تصبح على خير

Es hora de irme.	gā' waqt el zehāb
	جاء وقت الذهاب
Tengo que irme.	lāzem amʃy
	لازم أمشي
Ahora vuelvo.	harga' 'la tūl
	ح أرجع على طول

Es tarde.	el waqt mett'axar
	الوقت متأخر
Tengo que levantarme temprano.	lāzem ass-ha badry
	لازم أصحى بدري
Me voy mañana.	ana māʃy bokra
	أنا ماشي بكرة
Nos vamos mañana.	ehhna maʃyīn bokra
	إحنا ماشيين بكرة

¡Que tenga un buen viaje!	rehla sa'īda!
	رحلة سعيدة!
Ha sido un placer.	forsa sa'īda
	فرصة سعيدة
Fue un placer hablar con usted.	sa'eddt bel kalām ma'ak
	سعدت بالكلام معك
Gracias por todo.	ʃokran 'la koll ʃey'
	شكراً على كل شيء

Lo he pasado muy bien.	ana qaḍḍayt waqt saʿīd
	أنا قضيت وقت سعيد
Lo pasamos muy bien.	ehna ʾaḍḍeyna waʾt saʿīd
	إحنا قضينا وقت سعيد
Fue genial.	kan bel feʿl rāʾeʿ
	كان بالفعل رائع
Le voy a echar de menos.	hatewwhaʃīny
	ح توحشني
Le vamos a echar de menos.	hatewwhaʃna
	ح توحشنا

¡Suerte!	ḥazz saʿīd!
	حظ سعيد!
Saludos a …	taḥīāty le…
	تحياتي لـ...

Idioma extranjero

No entiendo.	ana meʃ fāhem
	أنا مش فاهم
Escríbalo, por favor.	ektebha laww samaht
	إكتبها لو سمحت
¿Habla usted …?	enta betettkalem …?
	انت بتتكلم …؟

Hablo un poco de …	ana battkallem ʃewaya …
	أنا باتكلم شوية …
inglés	engilīzy
	أنجليزي
turco	torky
	تركي
árabe	'araby
	عربي
francés	faransāwy
	فرنساوي

alemán	almāny
	ألماني
italiano	iṭāly
	إيطالي
español	asbāny
	أسباني
portugués	bortoɣāly
	برتغالي
chino	ṣīny
	صيني
japonés	yabāny
	ياباني

¿Puede repetirlo, por favor?	momken teʃīd el kalām men faḍlak?
	ممكن تعيد الكلام من فضلك؟
Lo entiendo.	ana fāhem
	انا فاهم
No entiendo.	ana meʃ fāhem
	انا مش فاهم
Hable más despacio, por favor.	momken tetkallem abta' laww samaht?
	ممكن تتكلم ابطأ لو سمحت؟

¿Está bien?	keda ṣahh?
	كدة صح؟
¿Qué es esto? (¿Que significa esto?)	eh da?
	إيه دة؟

Disculpas

Perdone, por favor.	ba'd ezznak, laww samaḥt بعد إذنك، لو سمحت
Lo siento.	ana 'āṣif أنا آسف
Lo siento mucho.	ana 'āṣif beggad أنا آسف بجد
Perdón, fue culpa mía.	ana 'āṣif, di ɣalṭeti أنا آسف، دي غلطتي
Culpa mía.	ɣaltety غلطتي

¿Puedo ...?	momken ...? ممكن ...؟
¿Le molesta si ...?	teddāyi' laww ...? تتضايق لو ...؟
¡No hay problema! (No pasa nada.)	mafiʃ moʃkela ما فيش مشكلة
Todo está bien.	kollo tamām كله تمام
No se preocupe.	mate'la'ʃ ما تقلقش

Acuerdos

Sí.	aywā
	أيوة
Sí, claro.	aywa, akīd
	ايوة، أكيد
Bien.	tamām
	تمام
Muy bien.	kowayīs geddan
	كويس جدا
¡Claro que sí!	bekol ta'kīd!
	بكل تأكيد!
Estoy de acuerdo.	mewāfe'
	موافق

Es verdad.	da ṣaḥīḥ
	دة صحيح
Es correcto.	da ṣaḥḥ
	دة صح
Tiene razón.	kalāmak ṣaḥḥ
	كلامك صح
No me molesta.	ma'andīʃ māne'
	ما عنديش مانع
Es completamente cierto.	ṣaḥḥ tamāman
	صح تماماً

Es posible.	momken
	ممكن
Es una buena idea.	di fekra kewayīsa
	دي فكرة كويسة
No puedo decir que no.	ma'darʃ a'ūl la'
	ما أقدرش أقول لأ
Estaré encantado /encantada/.	bekol sorūr
	حكون سعيد
Será un placer.	bekol sorūr
	بكل سرور

Rechazo. Expresar duda

No.	la'a
	لأ
Claro que no.	akīd la'
	أكيد لأ
No estoy de acuerdo.	meʃ mewāfe'
	مش موافق
No lo creo.	ma 'azzonneʃ keda
	ما أظنش كدة
No es verdad.	da meʃ ṣaḥīḥ
	دة مش صحيح

No tiene razón.	enta ɣalṭān
	إنت غلطان
Creo que no tiene razón.	azonn ennak ɣalṭān
	أظن إنك غلطان
No estoy seguro /segura/.	meʃ akīd
	مش أكيد
No es posible.	da mos-taḥīl
	دة مستحيل
¡Nada de eso!	mafīʃ ḥāga keda!
	ما فيش حاجة كدة!

Justo lo contrario.	el 'akss tamāman
	العكس تماما
Estoy en contra de ello.	ana ḍedd da
	أنا ضد دة
No me importa. (Me da igual.)	ma yehemmenīʃ
	ما يهمنيش
No tengo ni idea.	ma'andīʃ fekra
	ما عنديش فكرة
Dudo que sea así.	aʃokk fe ḍa
	أشك في دة

Lo siento, no puedo.	'āssef ma 'qdarʃ
	آسف، ما أقدرش
Lo siento, no quiero.	'āssef meʃ 'ayez
	آسف، مش عايز
Gracias, pero no lo necesito.	ʃokran, bass ana meʃ meḥtāg loh
	شكرا، بس أنا مش محتاج له
Ya es tarde.	el waqt mett'aχar
	الوقت متأخر

Tengo que levantarme temprano.	lāzem aṣṣ-ḥa badry لازم أصحى بدري
Me encuentro mal.	ana ta'bān أنا تعبان

Expresar gratitud

Gracias.	ʃokran شكراً
Muchas gracias.	ʃokran gazīlan شكراً جزيلاً
De verdad lo aprecio.	ana ħa'i'i me'aḍdar da أنا حقيقي مقدر دة
Se lo agradezco.	ana mommtann līk geddan أنا ممتن لك جداً
Se lo agradecemos.	eħna mommtannīn līk geddan إحنا ممتنين لك جداً

Gracias por su tiempo.	ʃokran 'la wa'tak شكراً على وقتك
Gracias por todo.	ʃokran 'la koll ʃey' شكراً على كل شيء
Gracias por ...	ʃokran 'la ... شكراً على ...
su ayuda	mosa'detak مساعدتك
tan agradable momento	el waqt الوقت اللطيف

una comida estupenda	wagba rā'e'a وجبة رائعة
una velada tan agradable	amsiya mummte'a أمسية ممتعة
un día maravilloso	yome rā'e' يوم رائع
un viaje increíble	reħla mod-heʃa رحلة مدهشة

No hay de qué.	lā ʃokr 'la wāgeb لا شكر على واجب
De nada.	el 'afw العفو
Siempre a su disposición.	ayī waqt أي وقت
Encantado /Encantada/ de ayudarle.	bekol sorūr بكل سرور
No hay de qué.	ennsa إنسى
No tiene importancia.	mate'la'ʃ ما تقلقش

Felicitaciones , Mejores Deseos

¡Felicidades!	ohanˈnīk! أهنيك!
¡Feliz Cumpleaños!	ʿīd milād saˈīd! عيد ميلاد سعيد!
¡Feliz Navidad!	ʿīd milād saˈīd! عيد ميلاد سعيد!
¡Feliz Año Nuevo!	sana gedīda saˈīda! سنة جديدة سعيدة!

¡Felices Pascuas!	ʃamm nessīm saˈīd! شم نسيم سعيد!
¡Feliz Hanukkah!	hanūka saˈīda! هانوكا سعيدة!

Quiero brindar.	aḥebb aqtareḥ neʃrab naxab أحب أقترح نشرب نخب
¡Salud!	fi seḥḥettak في صحتك
¡Brindemos por ...!	yalla neʃrab fe ...! ياللا نشرب في ...!
¡A nuestro éxito!	nagāḥna نجاحنا
¡A su éxito!	nagāḥak نجاحك

¡Suerte!	ḥazz saˈīd! حظ سعيد!
¡Que tenga un buen día!	nahārak saˈīd! نهارك سعيد!
¡Que tenga unas buenas vacaciones!	agāza ṭayeba! أجازة طيبة!
¡Que tenga un buen viaje!	trūḥ bel salāma! تروح بالسلامة!
¡Espero que se recupere pronto!	atmanna ennak tataˈāfa besorˈa! أتمنى إنك تتعافى بسرعة!

Socializarse

¿Por qué está triste?	enta leyh za'lān? إنت ليه زعلان؟
¡Sonría! ¡Animese!	ebbtassem! farrfeʃ! إبتسم! فرفش!
¿Está libre esta noche?	enta fādy el leyla di? إنت فاضي الليلة دي؟

¿Puedo ofrecerle algo de beber?	momken a'zemak 'la maʃrūb? ممكن أعزمك على مشروب؟
¿Querría bailar conmigo?	tehebb torr'oṣṣ? تحب ترقص؟
Vamos a ir al cine.	yalla nerūh el sinema يالا نروح السينما

¿Puedo invitarle a ...?	momken a'zemak 'la ...? ممكن أعزمك على ...؟
un restaurante	maṭṭ'am مطعم
el cine	el sinema السينما
el teatro	el masrah المسرح
dar una vuelta	tamʃeya تمشية

¿A qué hora?	fi ayī sā'a? في أي ساعة؟
esta noche	el leyla di الليلة دي
a las seis	el sā'a setta الساعة ستة
a las siete	el sā'a sab'a الساعة سبعة
a las ocho	el sā'a tamanya الساعة ثمانية
a las nueve	el sā'a tess'a الساعة تسعة

¿Le gusta este lugar?	ya tara 'agbak el makān? يا ترى عاجبك المكان؟
¿Está aquí con alguien?	enta hena ma' hadd? إنت هنا مع حد؟
Estoy con mi amigo /amiga/.	ana ma' ṣadīq أنا مع صديق

Estoy con amigos.	ana ma' aṣṣdiqā'
	أنا مع أصدقاء
No, estoy solo /sola/.	lā, ana waḥḥdy
	لا، أنا وحدي

¿Tienes novio?	hal 'andak ṣadīq?
	هل عندك صديق؟
Tengo novio.	ana 'andy ṣadīq
	أنا عندي صديق
¿Tienes novia?	hal 'andak ṣadīqa?
	هل عندك صديقة؟
Tengo novia.	ana 'andy ṣadīqa
	أنا عندي صديقة

¿Te puedo volver a ver?	a'dar aʃūfak tāny?
	أقدر أشوفك تاني؟
¿Te puedo llamar?	a'dar atteṣel bīk?
	أقدر أتصل بك؟
Llámame.	ettaṣṣel bī
	إتصل بي
¿Cuál es tu número?	eh raqamek?
	إيه رقمك؟
Te echo de menos.	wahaʃtīny
	وحشتني

¡Qué nombre tan bonito!	essmek gamīl
	إسمك جميل
Te quiero.	oḥebbek
	أحبك
¿Te casarías conmigo?	tettgawwezīny?
	تتجوزيني؟
¡Está de broma!	enta bett-hazzar!
	إنت بتهزر!
Sólo estoy bromeando.	ana bahazzar bas
	أنا باهزر بس

¿En serio?	enta bettettkallem gad?
	إنت بتتكلم جد؟
Lo digo en serio.	ana gād
	أنا جاد
¿De verdad?	ṣaḥīḥ?
	صحيح؟
¡Es increíble!	meʃ ma''ūl!
	مش معقول!
No le creo.	ana meʃ meṣṣad'āk
	أنا مش مصدقاك
No puedo.	ma'darʃ
	ما أقدرش
No lo sé.	ma'raʃʃ
	ما أعرفش
No le entiendo.	meʃ fahmāk
	مش فاهماك

Váyase, por favor.	men fadlak temʃy
	من فضلك تمشي
¡Déjeme en paz!	sebbny lewaḥḥdy!
	سيبني لوحدي!

Es inaguantable.	ana lā at̡iqo
	أنا لا أطيقه
¡Es un asqueroso!	enta mo'reff
	إنت مقرف
¡Llamaré a la policía!	haṭṭlob el ʃorta
	ح أطلب الشرطة

Compartir impresiones. Emociones

Me gusta.	ye'gebny
	يعجبني
Muy lindo.	laṭīf geddan
	لطيف جدا
¡Es genial!	da rā'e'
	دة رائع
No está mal.	da meʃ saye'
	دة مش سيء

No me gusta.	meʃ 'agebny
	مش عاجبني
No está bien.	meʃ kowayīs
	مش كويس
Está mal.	da saye'
	دة سيء
Está muy mal.	da saye' geddan
	دة سيء جدا
¡Qué asco!	da mo'rreff
	دة مقرف

Estoy feliz.	ana saʿīd
	أنا سعيد
Estoy contento /contenta/.	ana mabsūṭ
	أنا مبسوط
Estoy enamorado /enamorada/.	ana baḥebb
	أنا باحب
Estoy tranquilo.	ana hādy
	أنا هادي
Estoy aburrido.	ana zah'ān
	أنا زهقان

Estoy cansado /cansada/.	ana ta'bān
	أنا تعبان
Estoy triste.	ana ḥazīn
	أنا حزين
Estoy asustado.	ana x̱āyef
	أنا خايف
Estoy enfadado /enfadada/.	ana ɣadbān
	أنا غضبان

Estoy preocupado /preocupada/.	ana qalqān
	أنا قلقان
Estoy nervioso /nerviosa/.	ana mutawwatter
	أنا متوتر

Estoy celoso /celosa/.

ana ɣayrān

أنا غيران

Estoy sorprendido /sorprendida/.

ana mutafāge'

أنا متفاجئ

Estoy perplejo /perpleja/.

ana morrtabek

أنا مرتبك

Problemas, Accidentes

Tengo un problema.	ana 'andy moʃkela أنا عندي مشكلة
Tenemos un problema.	ehna 'andena moʃkela إحنا عندنا مشكلة
Estoy perdido /perdida/.	ana tāʒeh أنا تايه
Perdí el último autobús (tren).	fātny 'āaẋer otobiis فاتني آخر أوتوبيس
No me queda más dinero.	meʃ fāḍel ma'aya flūss مش فاضل معايا فلوس

He perdido ...	ḍāʿ menny ... betāʿy ضاع مني ... بتاعي
Me han robado ...	ḥadd sara' ... betāʿy حد سرق ... بتاعي
mi pasaporte	bassbore باسبور
mi cartera	maḥfaza محفظة
mis papeles	awwarā' أوراق
mi billete	tazzkara تذكرة

mi dinero	folūss فلوس
mi bolso	ʃannṭa شنطة
mi cámara	kamera كاميرا
mi portátil	lab tob لاب توب
mi tableta	tablet تابلت
mi teléfono	telefon maḥmūl تليفون محمول

¡Ayúdeme!	sāʿdny! ساعدني!
¿Qué pasó?	eh elly ḥaṣal? إيه إللي حصل؟
el incendio	harīqa حريقة

un tiroteo	darrb nãr
	ضرب نار
el asesinato	qattl
	قتل
una explosión	ennfegãr
	إنفجار
una pelea	xenã'a
	خناقة

¡Llame a la policía!	ettaşel bel ʃorţa!
	اتصل بالشرطة!
¡Más rápido, por favor!	besor'a men faḍlak!
	بسرعة من فضلك!
Busco la comisaría.	baddawwar 'la qessm el ʃorţa
	بادور على قسم الشرطة
Tengo que hacer una llamada.	mehtãg a'mel moҟalma telefoneya
	محتاج أعمل مكالمة تليفونية
¿Puedo usar su teléfono?	momken asstaxdem telefonak?
	ممكن أستخدم تليفونك؟

Me han …	ana kont …
	أنا كنت …
asaltado /asaltada/	ettnaʃalt
	اتنشلت
robado /robada/	ettsaraqt
	اتسرقت
violada	oɣtiṣabt
	اغتصبت
atacado /atacada/	ta'arraḍt le e'tedã'
	تعرضت لإعتداء

¿Se encuentra bien?	enta bexeyr?
	إنت بخير؟
¿Ha visto quien a sido?	ya tara ʃoft meyn?
	يا ترى شفت مين؟
¿Sería capaz de reconocer a la persona?	te'ddar tett'arraf 'la el ʃaxs da?
	تقدر تتعرف على الشخص دة؟
¿Está usted seguro?	enta muta'kked?
	إنت متأكد؟

Por favor, cálmese.	argũk ehḍa
	أرجوك إهدا
¡Cálmese!	hawwen 'aleyk!
	هون عليك!
¡No se preocupe!	mate'la'ʃ!
	ما تقلقش!
Todo irá bien.	kol ʃey' ḥaykũn tamãm
	كل شيء ح يكون تمام
Todo está bien.	kol ʃey' tamãm
	كل شيء تمام
Venga aquí, por favor.	ta'ãla hena laww samaḥt
	تعالى هنا لو سمحت

Tengo unas preguntas para usted.
'andy līk as'ela
عندي لك أسئلة

Espere un momento, por favor.
esstanna laḥza men faḍlak
إستنى لحظة من فضلك

¿Tiene un documento de identidad?
'andak raqam qawwmy
عندك رقم قومي

Gracias. Puede irse ahora.
ʃokran. momken temʃy dellwa'ty
شكرا. ممكن تمشي دلوقتي

¡Manos detrás de la cabeza!
eydeyk wara rāsak!
إيديك ورا راسك!

¡Está arrestado!
enta maqbūḍ 'aleyk!
إنت مقبوض عليك!

.

Problemas de salud

Ayudeme, por favor.	argūk sã'dny أرجوك ساعدني
No me encuentro bien.	ana ta'bān أنا تعبان
Mi marido no se encuentra bien.	gouzy ta'bān جوزي تعبان
Mi hijo ...	ebny ... ... إبني
Mi padre ...	waldy ... ... والدي

Mi mujer no se encuentra bien.	merãty ta'bāna مراتي تعابة
Mi hija ...	bennty ... ... بنتي
Mi madre ...	waldety ... ... والدتي

Me duele ...	ana 'andy ... ... أنا عندي
la cabeza	ṣodã' صداع
la garganta	ehtiqān fel zore إحتقان في الزور
el estómago	mayaṣṣ مغص
un diente	alam aṣnān ألم أسنان

Estoy mareado.	ʃã'er be dawãr شاعر بدوار
Él tiene fiebre.	'andak ḥomma عنده حمي
Ella tiene fiebre.	'andaha ḥomma عندها حمي
No puedo respirar.	meʃ 'āder attnaffess مش قادر أتنفس

Me ahogo.	meʃ 'āder attnaffess مش قادر أتنفس
Tengo asma.	ana 'andy azzma أنا عندي أزمة
Tengo diabetes.	ana 'andy el sokkar أنا عندي السكر

No puedo dormir.	me∫ 'āder anām
	مش قادر أنام
intoxicación alimentaria	tassammom γezā'y
	تسمم غذائي

Me duele aquí.	betewwga' hena
	بتوجع هنا
¡Ayúdeme!	sā'edny!
	ساعدني!
¡Estoy aquí!	ana hena!
	أنا هنا!
¡Estamos aquí!	ehna hena!
	إحنا هنا!
¡Saquenme de aquí!	χarragūny men hena
	خرجوني من هنا
Necesito un médico.	ana mehtāg tabīb
	أنا محتاج طبيب
No me puedo mover.	me∫ 'āder at-harrak
	مش قادر أتحرك
No puedo mover mis piernas.	me∫ 'āder aharrak reglaya
	مش قادر أحرك رجلية

Tengo una herida.	'andy garrhh
	عندي جرح
¿Es grave?	da beggad?
	دة بجد؟
Mis documentos están en mi bolsillo.	awwrā'y fi geyby
	أوراقي في جيبي
¡Cálmese!	ehhda'!
	إهدا!
¿Puedo usar su teléfono?	momken asstaχdem telefonak?
	ممكن أستخدم تليفونك؟

¡Llame a una ambulancia!	otlob 'arabeyet es'āf!
	أطلب عربية إسعاف!
¡Es urgente!	di hāla messta'gela!
	دي حالة مستعجلة!
¡Es una emergencia!	di hāla tāre'a!
	دي حالة طارئة!
¡Más rápido, por favor!	besor'a men fadlak!
	بسرعة من فضلك!
¿Puede llamar a un médico, por favor?	momken tekallem doktore men fadlak?
	ممكن تكلم دكتور من فضلك؟
¿Dónde está el hospital?	feyn el mosta∫fa?
	فين المستشفى؟

¿Cómo se siente?	hāsses be eyh dellwa'ty
	حاسس بإيه دلوقتي؟
¿Se encuentra bien?	enta beχeyr?
	إنت بخير؟
¿Qué pasó?	eh elly hasal?
	إيه إللي حصل؟

Me encuentro mejor.	ana ḥāsseṣ eny aḥssan dellwa'ty
	أنا حاسس إني أحسن دلوقتي
Está bien.	tamām
	تمام
Todo está bien.	kollo tamām
	كله تمام

En la farmacia

la farmacia	ṣaydaliya
	صيدلية
la farmacia 24 horas	ṣaydaliya arbʻa we ʻeʃrīn sāʻa
	صيدلية 24 ساعة
¿Dónde está la farmacia más cercana?	feyn aqrab ṣaydaliya?
	فين أقرب صيدلية؟

¿Está abierta ahora?	hiya fat-ḥa dellwaʼty?
	هي فاتحة دلوقتي؟
¿A qué hora abre?	betefftaḥ emta?
	بتفتح إمتى؟
¿A qué hora cierra?	beteʼffel emta?
	بتقفل إمتى؟

¿Está lejos?	hiya beʻeyda?
	هي بعيدة؟
¿Puedo llegar a pie?	momken awṣal ḥenāk māʃy?
	ممكن أوصل هناك ماشي؟
¿Puede mostrarme en el mapa?	momken tewarrīny ʻlal ҳarīṭa?
	ممكن توريني على الخريطة؟

Por favor, deme algo para …	men faḍlak eddīny ḥāga le…
	من فضلك إديني حاجة لـ….
un dolor de cabeza	el sodāʻ
	الصداع
la tos	el kohḥa
	الكحة
el resfriado	el bard
	البرد
la gripe	influenza
	الأنفلوانزا

la fiebre	el ḥumma
	الحمى
un dolor de estomago	el maҳaṣṣ
	المغص
nauseas	el ҳasayān
	الغثيان
la diarrea	el es-hāl
	الإسهال
el estreñimiento	el emsāk
	الإمساك
un dolor de espalda	alam fel zạhr
	ألم في الظهر

un dolor de pecho	alam fel ṣadr
	ألم في الصدر
el flato	γorrza ganebiya
	غرزة جانبية
un dolor abdominal	alam fel baṭn
	ألم في البطن

la píldora	ḥabba
	حبة
la crema	marham, krīm
	مرهم، كريم
el jarabe	ʃarāb
	شراب
el spray	baχāχ
	بخاخ
las gotas	noqaṭṭ
	نقط

Tiene que ir al hospital.	enta meḥtāg terūḥ
	انت محتاج تروح المستشفى
el seguro de salud	ta'mīn ṣeḥhy
	تأمين صحي
la receta	roʃetta
	روشتة
el repelente de insectos	ṭāred lel ḥaʃarāt
	طارد للحشرات
la curita	blastar
	بلاستر

Lo más imprescindible

Perdone, ...

ba'd ezznak, ...

بعد إذنك، ...

Hola.

ahlan

أهلا

Gracias.

ʃokran

شكراً

Sí.

aywā

أيوة

No.

la'a

لأ

No lo sé.

ma'raʃʃ

ما أعرفش

¿Dónde? | ¿A dónde? | ¿Cuándo?

feyn? | lefeyn? | emta?

فين؟ ا لفين؟ ا إمتى؟

Necesito ...

meḥtāg ...

محتاج ...

Quiero ...

'āyez ...

عايز ...

¿Tiene ...?

ya tara 'andak ...?

يا ترى عندك... ؟

¿Hay ... por aquí?

feyh hena ...?

فيه هنا ...؟

¿Puedo ...?

momken ...?

ممكن ...؟

..., por favor? (petición educada)

... men faḍlak

... من فضلك

Busco ...

ana badawwar 'la ...

أنا بادور على ...

el servicio

ḥammām

حمام

un cajero automático

makīnet ṣarraf 'āaly

ماكينة صراف آلي

una farmacia

ṣaydaliya

صيدلية

el hospital

mostaʃʃa

مستشفى

la comisaría

'essm el ʃorṭa

قسم شرطة

el metro

metro el anfā'

مترو الأنفاق

un taxi	taksi
	تاكسي
la estación de tren	mahattet el 'attr
	محطة القطر

Me llamo ...	essmy ...
	إسمي...
¿Cómo se llama?	essmak eyh?
	اسمك إيه؟
¿Puede ayudarme, por favor?	te'ddar tesā'dny?
	تقدر تساعدني؟
Tengo un problema.	ana 'andy moʃkela
	أنا عندي مشكلة
Me encuentro mal.	ana ta'bān
	أنا تعبان
¡Llame a una ambulancia!	otlob 'arabeyet es'āf!
	أطلب عربية إسعاف!
¿Puedo llamar, por favor?	momken a'mel mokalma telefoniya?
	ممكن أعمل مكالمة تليفونية؟

Lo siento.	ana 'āssif
	أنا آسف
De nada.	el 'afw
	العفو

Yo	ana
	أنا
tú	enta
	أنت
él	howwa
	هو
ella	hiya
	هي
ellos	homm
	هم
ellas	homm
	هم
nosotros /nosotras/	ehna
	احنا
ustedes, vosotros	entom
	انتم
usted	haddretak
	حضرتك

ENTRADA	doxūl
	دخول
SALIDA	xorūg
	خروج
FUERA DE SERVICIO	'attlān
	عطلان
CERRADO	moɣlaq
	مغلق

ABIERTO

maftūḥ

مفتوح

PARA SEÑORAS

lel sayedāt

للسيدات

PARA CABALLEROS

lel regāl

للرجال

T&P BOOKS

MINI DICCIONARIO

Esta sección contiene 250
palabras útiles necesarias
para la comunicación diaria.
Encontrará ahí los nombres
de los meses y de los días
de la semana.
El diccionario también
contiene temas relevantes
tales como colores, medidas,
familia, y más

T&P Books Publishing

CONTENIDO
DEL DICCIONARIO

T&P Books Publishing

tiempo (m)	waqt (m)	وقت
hora (f)	sāʿa (f)	ساعة
media hora (f)	niṣf sāʿa (m)	نصف ساعة
minuto (m)	daqīqa (f)	دقيقة
segundo (m)	θāniya (f)	ثانية
hoy (adv)	al yawm	اليوم
mañana (adv)	ɣadan	غدًا
ayer (adv)	ams	أمس
lunes (m)	yawm al iθnayn (m)	يوم الإثنين
martes (m)	yawm aθ θulāθāʾ (m)	يوم الثلاثاء
miércoles (m)	yawm al arbiʿāʾ (m)	يوم الأربعاء
jueves (m)	yawm al χamīs (m)	يوم الخميس
viernes (m)	yawm al ʒumʿa (m)	يوم الجمعة
sábado (m)	yawm as sabt (m)	يوم السبت
domingo (m)	yawm al aḥad (m)	يوم الأحد
día (m)	yawm (m)	يوم
día (m) de trabajo	yawm ʿamal (m)	يوم عمل
día (m) de fiesta	yawm al ʿuṭla ar rasmiyya (m)	يوم العطلة الرسمية
fin (m) de semana	ayyām al ʿuṭla (pl)	أيام العطلة
semana (f)	usbūʿ (m)	أسبوع
semana (f) pasada	fil isbūʿ al māḍi	في الأسبوع الماضي
semana (f) que viene	fil isbūʿ al qādim	في الأسبوع القادم
por la mañana	fiṣ ṣabāḥ	في الصباح
por la tarde	baʿd aẓ ẓuhr	بعد الظهر
por la noche	fil masāʾ	في المساء
esta noche (p.ej. 8:00 p.m.)	al yawm fil masāʾ	اليوم في المساء
por la noche	bil layl	بالليل
medianoche (f)	muntaṣif al layl (m)	منتصف الليل
enero (m)	yanāyir (m)	يناير
febrero (m)	fibrāyir (m)	فبراير
marzo (m)	māris (m)	مارس
abril (m)	abrīl (m)	أبريل
mayo (m)	māyu (m)	مايو
junio (m)	yūnyu (m)	يونيو
julio (m)	yūlyu (m)	يوليو

agosto (m)	aɣusṭus (m)	أغسطس
septiembre (m)	sibtambar (m)	سبتمبر
octubre (m)	uktūbir (m)	أكتوبر
noviembre (m)	nuvimbar (m)	نوفمبر
diciembre (m)	disimbar (m)	ديسمبر
en primavera	fir rabī'	في الربيع
en verano	fiṣ ṣayf	في الصيف
en otoño	fil χarīf	في الخريف
en invierno	fiʃ ʃitā'	في الشتاء
mes (m)	ʃahr (m)	شهر
estación (f)	faṣl (m)	فصل
año (m)	sana (f)	سنة

2. Números. Los numerales

cero	ṣifr	صفر
uno	wāḥid	واحد
dos	iθnān	إثنان
tres	θalāθa	ثلاثة
cuatro	arba'a	أربعة
cinco	χamsa	خمسة
seis	sitta	ستّة
siete	sab'a	سبعة
ocho	θamāniya	ثمانية
nueve	tis'a	تسعة
diez	'aʃara	عشرة
once	aḥad 'aʃar	أحد عشر
doce	iθnā 'aʃar	إثنا عشر
trece	θalāθat 'aʃar	ثلاثة عشر
catorce	arba'at 'aʃar	أربعة عشر
quince	χamsat 'aʃar	خمسة عشر
dieciséis	sittat 'aʃar	ستّة عشر
diecisiete	sab'at 'aʃar	سبعة عشر
dieciocho	θamāniyat 'aʃar	ثمانية عشر
diecinueve	tis'at 'aʃar	تسعة عشر
veinte	'iʃrūn	عشرون
treinta	θalāθīn	ثلاثون
cuarenta	arba'ūn	أربعون
cincuenta	χamsūn	خمسون
sesenta	sittūn	ستّين
setenta	sab'ūn	سبعون
ochenta	θamānūn	ثمانون
noventa	tis'ūn	تسعون

cien	mi'a	مائة
doscientos	mi'atān	مائتان
trescientos	θalāθumi'a	ثلاثمائة
cuatrocientos	rub'umi'a	أربعمائة
quinientos	χamsumi'a	خمسمائة
seiscientos	sittumi'a	ستّمائة
setecientos	sab'umi'a	سبعمائة
ochocientos	θamānimi'a	ثمانمائة
novecientos	tis'umi'a	تسعمائة
mil	alf	ألف
diez mil	'aʃarat 'ālāf	عشرة آلاف
cien mil	mi'at alf	مائة ألف
millón (m)	milyūn (m)	مليون
mil millones	milyār (m)	مليار

3. El ser humano. Los familiares

hombre (m) (varón)	raʒul (m)	رجل
joven (m)	ʃābb (m)	شابّ
mujer (f)	imra'a (f)	إمرأة
muchacha (f)	fatāt (f)	فتاة
anciano (m)	'aʒūz (m)	عجوز
anciana (f)	'aʒūza (f)	عجوزة
madre (f)	umm (f)	أمّ
padre (m)	ab (m)	أب
hijo (m)	ibn (m)	إبن
hija (f)	ibna (f)	إبنة
hermano (m)	aχ (m)	أخ
hermana (f)	uχt (f)	أخت
padres (pl)	wālidān (du)	والدان
niño -a (m, f)	ṭifl (m)	طفل
niños (pl)	aṭfāl (pl)	أطفال
madrastra (f)	zawʒat al ab (f)	زوجة الأب
padrastro (m)	zawʒ al umm (m)	زوج الأمّ
abuela (f)	ʒidda (f)	جدّة
abuelo (m)	ʒadd (m)	جدّ
nieto (m)	ḥafīd (m)	حفيد
nieta (f)	ḥafīda (f)	حفيدة
nietos (pl)	aḥfād (pl)	أحفاد
tío (m)	'amm (m), χāl (m)	عمّ, خال
tía (f)	'amma (f), χāla (f)	عمّة, خالة
sobrino (m)	ibn al aχ (m), ibn al uχt (m)	إبن الأخ, إبن الأخت
sobrina (f)	ibnat al aχ (f), ibnat al uχt (f)	إبنة الأخ, إبنة الأخت

mujer (f)	zawʒa (f)	زوجة
marido (m)	zawʒ (m)	زوج
casado (adj)	mutazawwiʒ	متزوج
casada (adj)	mutazawwiʒa	متزوجة
viuda (f)	armala (f)	أرملة
viudo (m)	armal (m)	أرمل
nombre (m)	ism (m)	إسم
apellido (m)	ism al 'ā'ila (m)	إسم العائلة
pariente (m)	qarīb (m)	قريب
amigo (m)	ṣadīq (m)	صديق
amistad (f)	ṣadāqa (f)	صداقة
compañero (m)	rafīq (m)	رفيق
superior (m)	ra'īs (m)	رئيس
colega (m, f)	zamīl (m)	زميل
vecinos (pl)	ʒirān (pl)	جيران

4. El cuerpo. La anatomía humana

cuerpo (m)	ʒism (m)	جسم
corazón (m)	qalb (m)	قلب
sangre (f)	dam (m)	دم
cerebro (m)	muχχ (m)	مخ
hueso (m)	'aẓm (m)	عظم
columna (f) vertebral	'amūd faqriy (m)	عمود فقريَ
costilla (f)	ḍil' (m)	ضلع
pulmones (m pl)	ri'atān (du)	رئتان
piel (f)	buʃra (m)	بشرة
cabeza (f)	ra's (m)	رأس
cara (f)	waʒh (m)	وجه
nariz (f)	anf (m)	أنف
frente (f)	ʒabha (f)	جبهة
mejilla (f)	χadd (m)	خدَ
boca (f)	fam (m)	فم
lengua (f)	lisān (m)	لسان
diente (m)	sinn (f)	سنَ
labios (m pl)	ʃifāh (pl)	شفاه
mentón (m)	ðaqan (m)	ذقن
oreja (f)	uðun (f)	أذن
cuello (m)	raqaba (f)	رقبة
ojo (m)	'ayn (f)	عين
pupila (f)	ḥadaqa (f)	حدقة
ceja (f)	ḥāʒib (m)	حاجب
pestaña (f)	rimʃ (m)	رمش

pelo, cabello (m)	ʃaʕr (m)	شعر
peinado (m)	tasrīħa (f)	تسريحة
bigote (m)	ʃawārib (pl)	شوارب
barba (f)	liħya (f)	لحية
tener (~ la barba)	ʕindahu	عنده
calvo (adj)	aṣlaʕ	أصلع
mano (f)	yad (m)	يد
brazo (m)	ðirāʕ (f)	ذراع
dedo (m)	iṣbaʕ (m)	إصبع
uña (f)	ẓufr (m)	ظفر
palma (f)	kaff (f)	كفّ
hombro (m)	katf (f)	كتف
pierna (f)	riʒl (f)	رجل
rodilla (f)	rukba (f)	ركبة
talón (m)	ʕaqb (m)	عقب
espalda (f)	ẓahr (m)	ظهر

5. La ropa. Accesorios personales

ropa (f)	malābis (pl)	ملابس
abrigo (m)	miʕṭaf (m)	معطف
abrigo (m) de piel	miʕṭaf farw (m)	معطف فرو
cazadora (f)	ʒākīt (m)	جاكيت
impermeable (m)	miʕṭaf lil maṭar (m)	معطف للمطر
camisa (f)	qamīṣ (m)	قميص
pantalones (m pl)	banṭalūn (m)	بنطلون
chaqueta (f), saco (m)	sutra (f)	سترة
traje (m)	badla (f)	بدلة
vestido (m)	fustān (m)	فستان
falda (f)	tannūra (f)	تنّورة
camiseta (f) (T-shirt)	ti ʃirt (m)	تي شيرت
bata (f) de baño	θawb ħammām (m)	ثوب حمّام
pijama (m)	biʒāma (f)	بيجاما
ropa (f) de trabajo	θiyāb al ʕamal (m)	ثياب العمل
ropa (f) interior	malābis dāχiliyya (pl)	ملابس داخليّة
calcetines (m pl)	ʒawārib (pl)	جوارب
sostén (m)	ħammālat ṣadr (f)	حمّالة صدر
pantimedias (f pl)	ʒawārib kulūn (pl)	جوارب كولون
medias (f pl)	ʒawārib nisāʔiyya (pl)	جوارب نسائية
traje (m) de baño	libās sibāħa (m)	لباس سباحة
gorro (m)	qubbaʕa (f)	قبّعة
calzado (m)	aħðiya (pl)	أحذية
botas (f pl) altas	būt (m)	بوت
tacón (m)	kaʕb (m)	كعب

| cordón (m) | ʃarīṭ (m) | شريط |
| betún (m) | warnīʃ al ḥiðā' (m) | ورنيش الحذاء |

guantes (m pl)	quffāz (m)	قفّاز
manoplas (f pl)	quffāz muɣlaq (m)	قفّاز مغلق
bufanda (f)	ʔiʃārb (m)	إيشارب
gafas (f pl)	naẓẓāra (f)	نظّارة
paraguas (m)	ʃamsiyya (f)	شمسيّة

corbata (f)	karavatta (f)	كرافتة
moquero (m)	mandīl (m)	منديل
peine (m)	miʃṭ (m)	مشط
cepillo (m) de pelo	furʃat ʃaʕr (f)	فرشة شعر

hebilla (f)	bukla (f)	بكلة
cinturón (m)	ḥizām (m)	حزام
bolso (m)	ʃanṭat yad (f)	شنطة يد

6. La casa. El apartamento

apartamento (m)	ʃaqqa (f)	شقّة
habitación (f)	ɣurfa (f)	غرفة
dormitorio (m)	ɣurfat an nawm (f)	غرفة النوم
comedor (m)	ɣurfat il akl (f)	غرفة الأكل

salón (m)	ṣālat al istiqbāl (f)	صالة الإستقبال
despacho (m)	maktab (m)	مكتب
antecámara (f)	madχal (m)	مدخل
cuarto (m) de baño	ḥammām (m)	حمّام
servicio (m)	ḥammām (m)	حمّام

aspirador (m), aspiradora (f)	miknasa kahrabāʔiyya (f)	مكنسة كهربائيّة
fregona (f)	mimsaḥa ṭawīla (f)	ممسحة طويلة
trapo (m)	mimsaḥa (f)	ممسحة
escoba (f)	miqaʃʃa (f)	مقشّة
cogedor (m)	ʒārūf (m)	جاروف

muebles (m pl)	aθāθ (m)	أثاث
mesa (f)	maktab (m)	مكتب
silla (f)	kursiy (m)	كرسيّ
sillón (m)	kursiy (m)	كرسيّ

espejo (m)	mirʔāt (f)	مرآة
tapiz (m)	siʒāda (f)	سجّادة
chimenea (f)	midfaʔa ḥāʔiṭiyya (f)	مدفأة حائطيّة
cortinas (f pl)	satāʔir (pl)	ستائر
lámpara (f) de mesa	miṣbāḥ aṭ ṭāwila (m)	مصباح الطاولة
lámpara (f) de araña	naʒafa (f)	نجفة
cocina (f)	maṭbaχ (m)	مطبخ
cocina (f) de gas	butuɣāz (m)	بوتوغاز

cocina (f) eléctrica	furn kaharabā'iy (m)	فرن كهربائيّ
horno (m) microondas	furn al mikruwayv (m)	فرن الميكروويف
frigorífico (m)	θallāʒa (f)	ثلاجة
congelador (m)	frīzir (m)	فريزير
lavavajillas (m)	ɣassāla (f)	غسّالة
grifo (m)	ḥanafiyya (f)	حنفيّة
picadora (f) de carne	farrāmat laḥm (f)	فرّامة لحم
exprimidor (m)	ʿaṣṣāra (f)	عصّارة
tostador (m)	maḥmaṣat xubz (f)	محمصة خبز
batidora (f)	xallāṭ (m)	خلّاط
cafetera (f) (aparato de cocina)	mākinat ṣanʿ al qahwa (f)	ماكينة صنع القهوة
hervidor (m) de agua	barrād (m)	برّاد
tetera (f)	barrād aʃ ʃāy (m)	برّاد الشاي
televisor (m)	tilivizyūn (m)	تليفزيون
vídeo (m)	ʒihāz tasʒīl vidiyu (m)	جهاز تسجيل فيديو
plancha (f)	makwāt (f)	مكواة
teléfono (m)	hātif (m)	هاتف

www.ingramcontent.com/pod-product-compliance
Lightning Source LLC
Chambersburg PA
CBHW070841050426
42452CB00011B/2369

* 9 7 8 1 7 8 7 1 6 9 6 0 9 *